ख़्वाबों के पंछी

ख़्वाबों के पंछी

मदन पाल

वाणी प्रकाशन

वाणी प्रकाशन
4695, 21-ए, दरियागंज, नयी दिल्ली 110 002

शाखा

अशोक राजपथ, पटना 800 004

फ़ोन: +91 11 23273167 फ़ैक्स: +91 11 23275710

www.vaniprakashan.in
vaniprakashan@gmail.com
sales@vaniprakashan.in

KHWABON KE PANCHHI
by Madan Pal

ISBN : 978-93-87648-19-7

Ghazal

प्रथम संस्करण

मूल्य : ₹ 250

एम.एस. प्रिंटर्स, दिल्ली-110 093 में मुद्रित

वाणी प्रकाशन का लोगो मक़बूल फ़िदा हुसेन की कूची से

अपनी बात

अपने आपको मैं बहुत ही ख़ुशनसीब समझता हूँ कि कुदरत ने मुझे इल्मो-फ़न से नवाज़ा। फ़िल्म से इल्म और इल्म से फ़िल्म का सफ़र ख़ूब रहा और बदस्तूर जारी है।

साहिर लुधियानवी साहब को दिल से अपना उस्ताद माना। कैफ़ी आज़मी, मजरूह सुल्तानपुरी, क़तील शिफ़ाई, निदा फ़ाज़ली और सुदर्शन, फ़ाकिर जैसे फ़नकारों की सोहबत मिली। उनके साथ पूरी दुनिया में मुशायरों में शिरकत की। देश-विदेश की मशहूर पत्र-पत्रिकाओं में ग़ज़लों का प्रकाशन हुआ। तकरीबन सभी मशहूर गायकों ने गीतों और ग़ज़लों को अपनी आवाज़ दी बड़े बैनर की फ़िल्में नसीब हुईं। गीत बहुत मशहूर हुए, ग़ज़लें सराही गयीं। और क्या चाहिए एक फ़नकार को।

जिन-जिन गायकों, संगीतकारों, निर्माताओं-निर्देशकों का साथ मिला उन सब का तहे दिल से शुक्रिया अदा करता हूँ।

–मदन पाल

अनुक्रम

●

हर किसी हाथ में बिक जाने को तैयार नहीं।
ये मेरा दिल है तेरे शहूर का बाज़ार नहीं॥

फूल क़दमों तले आता है तो रुक जाता हूँ।
तेरे जैसी ऐ ज़माने मेरी रफ़्तार नहीं॥

चूम कर पलकों से तन्हाई में जाकर पढ़ ले।
तेरे दीवाने का ख़त है कोई अख़बार नहीं॥

तेरी तस्वीर लगा लेता मगर घर पे मेरे।
अर्श की छत है सनम कोई भी दीवार नहीं॥

तेरी जुल्फ़ों में सजे जिसका न गजरा कोई।
मेरी नज़रों में बयाबान है गुलज़ार नहीं॥

तू तो बीमार की ख़िदमत में रहा वक़्ते-अजान।
तू किसी तौर भी ऐ दोस्त गुनहगार नहीं॥

●

जब नाम तेरा प्यार से लिखती हैं उँगलियाँ।
मेरी तरफ़ ज़माने की उठती हैं उँगलियाँ ॥

दामन सनम का हाथ में आया था एक पल।
दिन रात उस ही पल से महकती हैं उँगलियाँ ॥

या रब ख़याले यार को तू दे दे जिस्म भी।
छूने को इसको रोज़ तरसती हैं उँगलियाँ ॥

पत्थर तराश कर न बना ताज इक नया।
फ़नकार की जहान में कटती हैं उँगलियाँ ॥

तूफ़ान थम न पायेगा पर्दे लगाने से।
छोड़ो तमाम कोशिशें कहती हैं उँगलियाँ ॥

●

वक़्त की जेब से ऐसा कोई नक़्शा निकले।
देखकर जिसको तेरे मिलने का रास्ता निकले ॥

मैं वो बादल हूँ बरसने को तरसता है जो।
काश कोई तो मेरी प्यास का प्यासा निकले ॥

अजनबी बन के सुना करते हैं तू फ़िक्र न कर।
जब भी महफ़िल में किसी शब तेरा चर्चा निकले ॥

बात मैं किस से करूँ इश्क़ की गहराई की।
जो भी मिलता है वही कान का कच्चा निकले ॥

गुल पे बाहर से नहीं आते हैं रंगों-खुश्बू।
जब भी निकले कहीं अन्दर से ही जलवा निकले ॥

दिल ये कहता है कि दिल उसका भी अब धड़का है।
आज शायद मेरी आहों का नतीजा निकले ॥

मैंने ये कब कहा है कि तक़दीर खोल दे।
भर लूँगा मैं उड़ान तू ज़ंजीर खोल दे ॥

कितने ही जाल बुन दिये तेरे ख़याल ने।
रेखाओं में छुपी है जो तस्वीर खोल दे ॥

तूफ़ाँ उठा दे ऐसा मुहब्बत के नाम जो।
पंजाब की ये सरहदे कश्मीर खोल दे ॥

तेरी मेरी नहीं है ये अपनी ज़मीन है।
फ़स्लें उगाये प्यार की जागीर खोल दे ॥

हम सो चुके बहुत ही सियासत की नींद में।
अब जाग अपनी बाँहें मेरे वीर खोल दे ॥

●

ग़ैर को दर्द सुनाने की ज़रूरत क्या है।
अपने झगड़े में ज़माने की ज़रूरत क्या है ॥

तुम मिटा सकते नहीं दिल से मेरा नाम कभी।
फिर किताबों से मिटाने की ज़रूरत क्या है ॥

ज़िन्दगी यूँ ही बहुत कम है मुहब्बत के लिए।
रूठकर वक़्त गँवाने की ज़रूरत क्या है ॥

राज़े-दिल साफ़ बयाँ करती हैं झुकती पलकें।
राज पर पर्दे गिराने की ज़रूरत क्या है ॥

दिल न मिल पायें तो फिर आँख बचाकर चल दो।
बे-सबब हाथ मिलाने की ज़रूरत क्या है ॥

●

लगता है इस जहान में कोई बेवफ़ा नहीं।
दिल में न जिसके प्यार हो ऐसा मिला नहीं ॥

जिसकी तरफ़ भी हाथ बढ़ाया वो मिल गया।
मेरा किसी से कोई कभी फ़ासला नहीं ॥

दुख में नहीं तो मिलने की खुशियों में है ज़रूर।
कैसे कहूँ कि आँसुओं का सिलसिला नहीं ॥

महबूब बन के सच में मिले मुझको हर क़दम।
सब से बड़ा ये झूठ है, मेरा खुदा नहीं ॥

आँसू किसी के पोंछने में वक़्त लग गया।
मन्दिर में जा न पाया तो कोई ख़ता नहीं ॥

आँखें हैं सबकी बन्द तो करता है क्यूँ गुनाह।
बहला न दिल को कह के, कोई देखता नहीं ॥

●

तोड़ा है उसने आज वफ़ा के उसूल को।
काँटे, गले लगा के, रुलायेंगे फूल को ॥

धुँधला गया है आईना जो साफ़-साफ़ था।
हम ने ही सर चढ़ाया था पैरों की धूल को ॥

वो लाश थी ज़मीर की बाज़ार में पड़ी।
आया नहीं था कोई भी जिसके क़ुबूल को ॥

इल्जाम दूसरे को लगाता है हर बशर।
दुनिया में किस ने माना है कब, अपनी भूल को ॥

आये थे दुश्मनी ही मिटाने तमाशबीन।
कुछ और तूल दे गये झगड़े के तूल को ॥

●

ख़ामोश हो के सुन ज़रा क्या ज़िन्दगी कहे।
तू दर्दो-गम में जी रहा है ये ख़ुशी कहे ॥

तू ही अगर न समझे तो किसका है फिर क़ुसूर।
पहला ही लम्हा देख सलाम आख़री कहे ॥

सज्दे में अपने देख के दीवाने शख़्स को।
क्या दिल में तेरे आता है तू भी कभी कहे ॥

राधा ने और मीरा ने सुन ली जो प्रीत में।
तेरा भी हक़ है सुन ले, तुझे बाँसुरी कहे ॥

बे-बात ज़ोर दे रहा है अपनी बात पर।
वो ही तो बात, बात है, जो बेख़ुदी कहे ॥

●

जो चलने वाले हैं वो खा के ठोकर ढूँढ़ ही लेंगे।
न मिल पाया कोई तो ख़ुद में रहबर ढूँढ़ ही लेंगे ॥

ऐ दरिया हम पे क्यूँ हँसता है जो छोटे से झरने हैं।
कि बहते-बहते इक दिन तो समन्दर ढूँढ़ ही लेंगे ॥

ये दौरे-सीनाज़ोरी है, सलाम उनको मेरा कहना।
मुताबिक अपने पैरों के जो चादर ढूँढ़ ही लेंगे ॥

सितारे तोड़ना चाहें कि दुनिया जीतने निकलें।
ये पंजे मौत के आख़िर सिकन्दर ढूँढ़ ही लेंगे ॥

बहाना कोई भी हो अपने रब के हाथों मरने का।
जो रावण हैं वो अपने रामचन्दर ढूँढ़ ही लेंगे ॥

●

मुझमें से ही निकल के गले से लगा मुझे।
उलझा के महफ़िलों में न ऐसे सता मुझे॥

बन्द आँखें हों तो होती हैं बातें हज़ार बार।
पलकें खुली रहें तो लगे फ़ासला मुझे॥

क़ाबिल नहीं था जिसके वही पा गया हूँ मैं।
मैं सोचता हूँ किसकी लगी है दुआ मुझे॥

किस मिट्टी से बनाया है मुझको बता ज़रा।
लगती नहीं है दुनिया की पल भर हवा मुझे॥

जो चाहता हूँ मिलता है पलकें झपकते ही।
लगती है जब भी प्यास भिगो दे घटा मुझे॥

देकर तमाम दौलतें मुझसे जुदा न हो।
मंजूर ही नहीं है तेरा फ़ैसला मुझे॥

●

नींद की शाखें हिलीं ख़्वाबों के पंछी उड़ गये।
आ गिरे सहरा में हम बाग़ों के पंछी उड़ गये ॥

सिर्फ़ रस्में निभ रही हैं दोस्ती के नाम पर।
खोखले तन रह गये रूहों के पंछी उड़ गये ॥

चिट्ठियाँ आती नहीं घर की मुँड़ेरों पर अभी।
कौन जाने किस तरफ़ वादों के पंछी उड़ गये ॥

जब किसी बादल में हमदम तेरा चेहरा बन गया।
आस्माँ में दूर तक नज़रों के पंछी उड़ गये ॥

कालिखों के बीज किसने गुलस्ताँ में बो दिये।
गुल अँधेरों के खिले किरणों के पंछी उड़ गये ॥

इस ज़मी पर साथ दानों के बिछा है जाल भी।
देखकर ये साज़िशें चाहों के पंछी उड़ गये ॥

साज़े-दिल पे अब कभी खिलती नहीं सरगम कोई।
दिल में धड़कन ही नहीं नग़्मों के पंछी उड़ गये ॥

●

देर मत करना रंग भरने में।
है सँवरना इसी बिखरने में ॥

भूल बैठा हो लफ़्ज़ सारे जो।
है मज़ा उस से बात करने में ॥

चलते रहना है काम साँसों का।
वक़्त लगता है आह भरने में ॥

दाग़ धोये करम की बारिश ने।
हाथ मेरा नहीं निखरने में ॥

आईना हो रहा है दीवाना।
देर इतनी न कर सँवरने में ॥

●

है कोई बात मुहब्बत की तो वो कर मुझ से।
देखे जाते नहीं नफ़रत के ये मंज़र मुझसे ॥

वापसी पर वो पिघल कर ही गया उल्फ़त में।
लड़ने आया था बड़ा सख़्त सिकन्दर मुझ से ॥

तुझ में भी वो ही तो जादू है ज़रा देख कभी।
पूछ मत क्या है करिश्मा मेरे अन्दर मुझ से ॥

जुस्तजू करता था जब घर में नहीं था, मैं ही।
अब भटकना नहीं होता कभी दर-दर मुझ से ॥

मैं तो क़तरा हूँ गले फिर भी लगाऊँ उस को।
प्यास की बात कहे जब भी समन्दर मुझसे ॥

•

जा-जा के रोज़ पानियों में ढूँढ़ता है क्या।
ठहरी हुई रवानियों में ढूँढ़ता है क्या ॥

एहसास की ज़मीन है बंजर पड़ी हुई।
जज़्बात की जवानियों में ढूँढ़ता है क्या ॥

महबूब अपना ढूँढ़ ग़रीबों के देस में।
ऊँचे महल की रानियों में ढूँढ़ता है क्या ॥

बचपन तो जा चुका है तुझे होश ही नहीं।
परियों की सब कहानियों में ढूँढ़ता है क्या ॥

बे-लफ़्ज़ को ही कहने की कोशिश है लफ़्ज़ ये।
ग़ज़लों की इन निशानियों में ढूँढ़ता है क्या ॥

●

रास्ता हुस्न की मंज़िल पे ही रुक जायेगा।
वक़्त जब चेहरे के इकतिल पे ही रुक जायेगा ॥

ज़हनो-दिल में से किसी एक को गर चुनना पड़ा।
मुझसा दीवाना तो बस दिल पे ही रुक जायेगा ॥

काँपते होंठों का सच सुन के मैं सोचूँगा बहुत।
फ़ैसला जब कभी क़ातिल पे ही रुक जायेगा ॥

दौलते पा के ज़माने की, मुहब्बत भूला।
ये बता छोटे से हासिल पे ही रुक जायेगा ॥

जब बुलायेगा ख़ुदा उसको समन्दर के पार।
तेरा पागल तेरे साहिल पे ही रुक जायेगा ॥

●

कश्तियाँ तो बह रही थीं हम ही सारे सो गये।
और फिर तूफ़ाँ की लहरों में किनारे सो गये॥

दिलनशीं थी रात तेरे हुस्न की मानिन्द यूँ।
सुब्ह तक जागा किये हम सब सितारे सो गये॥

जीत उनके नाम लिक्खी लिखने वाले ने सदा।
याद में महबूब की जो हारे-हारे सो गये॥

अधमुँदी आँखों में बस तेरा नज़ारा रह गया।
वादियों में रफ़्ता-रफ़्ता सब नज़ारे सो गये॥

ठहरी-ठहरी झील का अब तो इशारा कुछ नहीं।
क्यूँ शरारत से भरे सारे इशारे सो गये॥

इस क़दर कश्कोल आँखों के पिलाते ही रहे।
हम तिलिस्मी हुस्न के जादू के मारे सो गये॥

●

गले लगा के महकती हुई हवाओं को।
मैं भेजता हूँ तुझे प्यार की सदाओं को ॥

तुम्हारे हुस्न के जैसा कहीं भी हुस्न नहीं।
हसीन करता ही रहता है इन फ़ज़ाओं को ॥

वो मेरा कुछ भी नहीं हो के, मेरा सब कुछ है।
जो तपते सहरा में बरसा गया घटाओं को ॥

लगे मरीज़ को जब भी दुआ मुहब्बत की।
वो दूर रखता है फिर सब की सब दवाओं को ॥

हमारे इश्क़ को इक हुस्ने-लाजवाब दिया।
कहीं नज़र न लगे आपकी अदाओं को ॥

●

कब कहा सारा ही जहान मिले।
अपने हिस्से का आस्मान मिले ॥

आ धड़क जा बदन की मिट्टी में।
एक बुत को कभी तो जान मिले ॥

जो भी मेरा है सब का सब ले ले।
कोई इतना तो मेह्रबान मिले ॥

जुगनुओं के दीयों से तारों तक।
तेरी ही रोशनी की शान मिले ॥

एक घर की तलाश में कितने।
इस जहाँ में हमें मकान मिले ॥

जिसकी नज़रों में ही नवाज़िश हो।
दिल के गुलशन को बागबान मिले ॥

अर्श में तू है तो, तुझे छू ले।
साज़े-एहसास को वो तान मिले ॥

●

जो भी मिलता है अपना लगता है।
सब से कोई तो रिश्ता लगता है ॥

चल वहाँ थोड़ी देर बैठें हम।
धूप में वो जो साया लगता है ॥

तुझको जी भर के देखना चाहे।
आईना कितना प्यासा लगता है ॥

मुस्कुरा कर तो मिल ही सकता है।
कौन-सा इस में पैसा लगता है ॥

आने वाला है मुझसे मिलने जो।
कोई कह दे वो कैसा लगता है ॥

तू भी रोने लगा है छुप-छुपकर।
तू भी अब मेरे जैसा लगता है ॥

●

साथ गीतों के जीना मरना है।
और क्या इस जहाँ में करना है ॥

तुझको पाने को लाख चौरासी।
सीढ़ियों से हमें उतरना है ॥

उसकी क़िस्मत सँवरना लाज़िम है।
इश्क़ में जिसने भी बिखरना है ॥

मुझको गुमराह क्यूँ करे ज़ाहिद।
जो किया है वही तो भरना है ॥

इस ज़माने में चल के देख लिया।
अब तेरे शहर से गुज़रना है ॥

●

उदासियों में भी हम रक़्स करते रहते हैं।
इसी तरह से ही लम्हे गुज़रते रहते हैं॥

बिखर-बिखर के सिमटना सिखा दिया किसने।
उलझते वक़्त में भी हम सँवरते रहते हैं॥

उसी की साँसों से चलती है साँस अपनी तो।
वो दूर जाये तो बस आह भरते रहते हैं॥

हम अपने आँसुओं का अब गिला नहीं करते।
बरसते अब्र से प्यासे निखरते रहते हैं॥

ग़ज़ल से दिल्लगी करने से बाज़ आऊँ न मैं।
और उस पे नज़्मों के चेहरे उतरते रहते हैं॥

●

जिस मौसम में धड़कते हैं दिल उस मौसम की बात है और।
मद्धम-मद्धम बातों के महके रेशम की बात है और ॥

यूँ तो सुकून कहीं भी नहीं है, सारा आलम देख लिया।
तेरे साथ जो बीत रहा है, इस आलम की बात है और ॥

इक हद तक ही तन्हा-तन्हा चलना मुनासिब होता है।
लह्र-लह्र लहराते नदियों के संगम की बात है और ॥

इस दुनिया में महफिल-रोज़ ठहाके लगते हैं।
भीगी रुत में हँसने वाले, चश्मे-नम की बात है और ॥

गैरों के दम पर जीते तो, कब के मर मिट जाते हम।
अपने दम पर ही जिन्दा हैं, अपने दम की बात है और ॥

ऐसा मुझमें कुछ भी नहीं है जिसकी कोई तारीफ़ करे।
तेरी नवाज़िश, ज़र्रा-नवाज़ी, रहमो-करम की बात है और ॥

●

वक़्त जो अब है कितना बेहतर है।
क़तरे की बाँहों में समन्दर है ॥

घर से निकलूँ तो किसलिए निकलूँ।
मेरे दिल में ही मेरा दिलबर है ॥

वो ही मंज़र हमारे बाहर है।
जैसा मंज़र हमारे अन्दर है ॥

क्यूँ भटकता है बैठ पास मेरे।
मेरा घर भी तो तेरा ही घर है ॥

पोंछ दूँ आ, मैं अपने दामन से।
मेरे होते हुए निगाह क्यूँ तर है ॥

अपनी सोचों से बात बनती है।
अपने हाथों में ही मुक़द्दर है ॥

टाँक देगी सितारे शब इसमें।
अर्श की ये जो साफ़ चादर है ॥

●

जोर शोर से बादल बरसे तुम क्यूँ सूखे-सूखे रहे।
प्यास बुझाने की रुत आयी फिर भी प्यासे-प्यासे रहे ॥

रिमझिम-रिमझिम इतनी बूँदें कुछ भी नहीं कह पायीं तो।
हम क्या तुम से कहते फिर भी कुछ-कुछ कहते कहते रहे ॥

सब्र के घूँट अगर पीते तो सब कुछ मीठा-मीठा था।
हमने उनको ही तोड़ा है जो फल कच्चे-कच्चे रहे ॥

लोग जवानी ख़ूब जिये और उम्र बिताकर मर भी गये ।
बचपन से हम जवाँ हुए ना, पागल बच्चे-बच्चे रहे ॥

दाना भी चुन-चुन के चुगा और गीत भी चुन-चुन कर गाये।
अनबोले जो बोल सजाये, साज़ पे मीठे-मीठे रहे ॥

वक़्त तो हँस-हँस कर ही गुज़ारा, शिकवा शिकायत कर न सके।
पलकों के पीछे सब लम्हे, अक्सर भीगे-भीगे रहे ॥

•

कोई रिश्ता अगर निभाना हो।
दिलबरी का खुला ख़ज़ाना हो ॥

उसको शिद्दत से प्यार कर लेना।
हाथ जिससे कभी छुड़ाना हो ॥

इस नये दौर को सलाम है ठीक।
रंग थोड़ा-सा तो पुराना हो ॥

और दिल के क़रीब आ जाओ।
क्या पता आज दूर जाना हो ॥

रंग भर लेंगे अपने ख़्वाबों में।
चश्मे-दिलबर का शामियाना हो ॥

जिसकी साँसों से साँस चलती है
उसकी धड़कन में आशियाना हो ॥

●

साथ अपना अगर नहीं होता।
वक़्त भी हमसफ़र नहीं होता ॥

बात बनती है बात के दम से।
बोलने से असर नहीं होता ॥

तेरे मेरे मकान होते हैं।
तेरा मेरा तो घर नहीं होता ॥

सामने जो है वो दिखाता है।
आईने को तो डर नहीं होता ॥

खोलकर देख ख़ुद के दर के सिवा।
कोई दुनिया में दर नहीं होता ॥

हम जहाँ हैं वहीं पे पायें उसे।
इश्क़ में तो सफ़र नहीं होता ॥

●

तेरे ख़याल की वादी में चाँद चढ़ता है।
और इश्क़ उसकी ही किरणों में कलमा पढ़ता है॥

कोई तिलिस्म कोई मिक्नातीस होगा वो।
ठिठक के वक़्ते-खाँ जिसकी ओर बढ़ता है॥

मैं सोचता हूँ मुहब्बत अभी भी जिन्दा है।
कि जब भी यार कोई यार से झगड़ता है॥

पहुँचना मंज़िलों पे कुछ कठिन नहीं होता।
वो बस ग़ुरूर है जो रास्ते में अड़ता है॥

मैं याद करता हूँ जब भी बिछड़ने का लम्हा।
शजर से काँप के पत्ता ज़रूर झड़ता है॥

सयाना हो के भी परछाइयों के पीछे रहा।
कि जैसे बच्चा कोई तितलियाँ पकड़ता है॥

●

कौन से दायरे में रहने लगे।
सर झुकाने को सजदा कहने लगे ॥

ख़ार के साथ फूल भी है यहाँ।
आप तो सिर्फ़ दर्द सहने लगे ॥

है मुहब्बत जहाँ, ख़ुदा है वहाँ।
किसलिए नफ़रतों में दहने लगे ॥

हम हैं इन्सां कोई फ़रिश्ते नहीं।
बनते-बनते ही रोज़ ढहने लगे ॥

रूह की प्यास का करिश्मा है।
रेगज़ारों में दरिया बहने लगे ॥

●

लहू का जाम पीने की सज़ा है।
फिर अपने ज़ख़्म सीने की सज़ा है॥

अँगूठी में जड़ा है, हिल न पाये।
कठिन कितनी नगीने की सज़ा है॥

बरसती रहती हैं ये आँखें, सावन।
तुझे तो इक महीने की सज़ा है॥

हज़ारों साल दरियायों में बहना।
यही मेरे सफ़ीने की सज़ा है॥

न मर पाते हैं अपनी मर्ज़ी से हम।
हमें तो सिर्फ़ जीने की सज़ा है॥

●

हर ख़ज़ाना हमारे पास रहे।
फिर भी ह़ोंठों पे कैसी प्यास रहे ॥

यूँ तो बाहर से कितने तन्हा रहे।
धड़कनों में तो रक्स रास रहे।

रंग में रहता है हर इक लम्हा।
तेरे मिलने की जब भी आस रहे ॥

दाग़ आयेगा इश्क़ पर गर तू।
मेरे होते हुए उदास रहे ॥

रूह का जलवा तो पुराना रहे।
जिस पे कितने नये लिबास रहे ॥

•

तू अपने चेहरे से चेहरा हटा नहीं सकता।
इसीलिए ही मुहब्बत को पा नहीं सकता ॥

वो दूसरों से मिलायेगा किस तरह नज़रें।
जो अपने आप से नज़रें मिला नहीं सकता ॥

मज़ाक़ वक़्त के हाथों वो ख़ुद बना होगा।
मज़ाक़ मेरा वो यूँ ही उड़ा नहीं सकता ॥

किसी भी हाल में दिल उसको दे नहीं देना।
जो राज़ आपका दिल में छुपा नहीं सकता ॥

बिखर ही जाने दे अब इसको मेरी ग़ज़लों में।
अब और सीने में तूफ़ाँ दबा नहीं सकता ॥

•

महकी हुई दिलों की किताबों में कुछ तो है।
इनमें छुपा के रक्खे गुलाबों में कुछ तो है ॥

तू रोज़-रोज़ आ के ये समझाये क्या मुझे।
पी कर कभी तो देख शराबों में कुछ तो है ॥

जब ज़िन्दगी हो तल्ख़ तो फिर ख़्वाब देखिए।
रंगीनियाँ तो आयेंगी, ख़्वाबों में कुछ तो है ॥

वो लौट-लौट आता है जो बोलता हूँ मैं।
ख़ामोश वादियों के जवाबों में कुछ तो है ॥

मिट्टी कहा है हमको तो मिट्टी में बीज बो।
फिर देख तेरे ख़ाना ख़राबों में कुछ तो है ॥

या रब सभी के पर्दे सलामत रहें सदा।
घर भी कोई है चीज़ हिसाबों में कुछ तो है ॥

●

रूह से जो भी हसीं होता है।
दायरा उसका नहीं होता है ॥

देखकर बच्चों की आँखें यारब।
तेरे होने का यक़ीं होता है ॥

कल कहीं और नहीं कुछ होता।
जो भी होता है यहीं होता है ॥

रक़्स करती है जहाँ पर धड़कन।
दोस्तो दिल भी वहीं होता है ॥

छोड़कर तुझको कहाँ जायेंगे।
तुझसे बेहतर भी कहीं होता है ॥

●

भीगी रुत की ख़ामोशी में, मद्धम-मद्धम बात चली।
फिर इस बात की धीरे-धीरे, मौसम-मौसम बात चली ॥

अँगड़ाई पर अँगड़ाई जब दिल के अरमाँ लेने लगे।
जिस्मों की बहकी नदियों की, संगम-संगम बात चली ॥

सात सुरों के सात समन्दर लहराये हैं नग्मों में।
साज़े-मुहब्बत किसने छेड़ा, सरगम-सरगम बात चली ॥

लफ़्ज़ ठहर पाते तो सुनते, और फिर हम कुछ कहते थे।
चुपके-चुपके इतनी मुलायम, रेशम-रेशम बात चली ॥

मैं तो कहीं मिलता ही नहीं हूँ, अब तो बस तू ही तू।
दो रूहों के इक होने की, आलम-आलम बात चली ॥

●

खुश्बू-खुश्बू आलम है।
आने वाला हमदम है॥

रूहों तक ले जायेगा।
जिस्मों का जो संगम है॥

उसका दामन लहराया।
कितना प्यारा मौसम है॥

प्यार जियादा होने लगा।
दूरी कितनी कम-कम है॥

साथ तेरे जब मैं हूँ तो।
तुझको फिर कैसा ग़म है॥

मैंने तो इक सुर साधा।
साथ मेरे हर सरगम है॥

मंज़िल महबूबा है तो।
रस्ता रेशम-रेशम है॥

तुमने मिलना छोड़ दिया, हमने जीना छोड़ दिया।
अरमानों के परिन्दे ने, खाना पीना छोड़ दिया ॥

वक़्त पे जब कुछ भी न हुआ, कैसी दवा और कैसी दुआ।
जा ऐ वक़्त, तेरा हमने, साल महीना छोड़ दिया ॥

फटे पुराने ज़ख़्मों के, साथ ही उम्र गुज़ारेगा।
अब सपनों के दर्ज़ी ने, कपड़े सीना छोड़ दिया ॥

पत्थर की मूरत गढ़कर, उसमें धड़कन भर दी है।
बस ये काम ही करने में, ख़ून पसीना छोड़ दिया ॥

दे सकता है तो दे दे, तन्हा बदन को परछाईं।
आस के ताने-बाने का, कैसे क़रीना छोड़ दिया ॥

किसको कहाँ अब जाना है, किसको पार लगाना है।
बन के समन्दर क़तरे ने, ग़ैर सफीना छोड़ दिया ॥

हर इक रूप को चाहा है, हर इक रंग सराहा है।
कौन ये कहता है हमने, इश्क़ नगीना छोड़ दिया ॥

●

हम तो मिल ही चुके है हमदम, अब क्या मिलना बाक़ी है।
एक साँस दो जिस्मों में है, कैसा मिलना बाक़ी है ॥

हर धड़कन में तेरा धड़कना, पल-पल मैं महसूस करूँ।
दीवाना तो मिल ही चुका है, पगला मिलना बाक़ी है ॥

महफ़िल-महफ़िल मिलते रहना, ये भी कोई बात हुई।
अपने ही दिल से पूछो तो, तन्हा मिलना बाक़ी है ॥

हैं बेताब बरस जाने को, उड़ता-फिरता बादल तो।
बस्ती-बस्ती देख रहा है, प्यासा मिलना बाक़ी है ॥

जिसको लफ़्ज़ नहीं आते हों उससे बात करूँगा मैं।
शह्र में तेरे सब है सयाने, बच्चा मिलना बाक़ी है ॥

●

आग का राज़ उसने खोला है।
जिसके अन्दर धधकता शोला है ॥

सख़्त नज़रों से यूँ न देख मुझे।
सच बचाने को झूठ बोला है ॥

अपने हाथों में हर हिसाब रहे।
दूसरे ने तो कम ही तौला है ॥

कर सको जितना, उतना कर देना।
उसके आगे तो रब है मौला है ॥

कुछ न कह कर भी कह दिया क्या-क्या।
किस सलीक़े से राज़ खोला है ॥

चाँद तन्हा मिले तो बात करूँ।
साथ तारों का उसके टोला है ॥

उँगलियाँ मुझ पे क्यूँ उठाते हो।
कौन है जिसका दिल न डोला है ॥

●

वो झूठ बोल के सच के क़रीब आया है।
सफ़र इक उम्र का करके अजीब आया है ॥

गले लगाता अगर होता कोई दीवाना।
मैं क्या करूँ कि वो बनकर अदीब आया है ॥

तू मालामाल उसे कर दे अपने जलवे से।
जो तेरा चाहने वाला ग़रीब आया है ॥

मुझे तो लगता है मेरा ही एक हिस्सा वो।
ज़माना कहता है बच जा रक़ीब आया है ॥

दिखाने आये कोई आईना तो ये समझो।
बड़े नसीब से चलकर हबीब आया है ॥

●

सब झगड़े ख़त्म करने हैं तो ज़िन्दगी समझ।
जो पल भी हाथ में है उसे आख़री समझ॥

अब दूर-दूर जाके परस्तिश न कर कोई।
अपने ही पास आने को तू बन्दगी समझ॥

नग़में जो धूप छाँव में गाते थे सुन लिए।
ग़ज़ले जो कह न पाये उन्हें भी कभी समझ॥

ग़म चीज़ क्या है इसको कभी सोच तो ज़रा।
लाज़िम है इसके बाद जो, तू वो ख़ुशी समझ॥

रातें हसीन करते हैं छोटे बड़े चराग़।
तनक़ीद छोड़, राह सजा, रोशनी समझा॥

●

चलते-चलते तेरी राहों में अगर सो जायें।
तू जगाना नहीं बाँहों में अगर सो जायें ॥

ऐ मुहब्बत के फ़रिश्ते ये करम कर देना।
तू हिला देना गुनाहों में अगर सो जायें ॥

बाँहें खोले हुए मंज़िल न मिलेगी देखो।
देर तक घर की पनाहों में अगर सो जायें ॥

जाग जायेंगी तमन्नायें उन्हें पाने की।
ख़्वाब कुछ तेरी निगाहों में अगर सो जायें ॥

अर्श की चाह में कहते हो परिन्दे न उड़ें।
पंख कट जायेंगे चाहों में अगर सो जायें ॥

●

राह से, राह दिखाने को, जो हटता होगा।
उसके क़दमों में ही झुक जाऊँ तो सजदा होगा॥

आज है, जिस पे फिदा झूमके ये मस्त घटा।
ऐसा लगता है कि बरसों से वो प्यासा होगा॥

हो के बेताब लिपट जाओगे मुझसे आकर।
ये मेरा प्यार परखने का नतीजा होगा॥

ग़ैर की बातों में आकर जो ख़फ़ा हो बैठा।
दिल का अच्छा सही पर कान का कच्चा होगा॥

तोड़ना चाहे जिसे शहर में हर एक बशर।
साफ़ चेहरा जो दिखाता है वो शीशा होगा॥

●

तेरे चेहरे से सरकते हुए आँचल जैसा।
दिन निकल आया तमन्नाओं की हलचल जैसा॥

हो उजाला के अँधेरा मुझे दोनों में सुरूर।
इक तेरी आँख, सा दूजा लगे काजल जैसा॥

तोड़ कर यार मेरे जंग का साज़ो-सामाँ।
छोड़ दे नग्मा छनकती हुई पायल जैसा॥

एक मद्धम सी तपिश मेरे ख़यालों में रहे।
मुझ पे छाया रहे मदहोशी का बादल जैसा॥

जान में जान मेरी आये गले लग के तेरे।
वर्ना बेजान पड़ा रहता हूँ घायल जैसा॥

तेरा एहसास फ़िज़ाओं में हवा जैसा है।
तुझको देखा तो नहीं फिर भी दुआ जैसा है ॥

अपने बारे में कभी कुछ तो बता दे मुझको।
मेरे हमदम तू ख़ुदा है कि ख़ुदा जैसा है ॥

देख कर लिपटी हुई बदली किसी पर्बत से।
जाने क्या, दिल में जो कुछ होने लगा, कैसा है ॥

ये जो बहता है मेरे सामने कल-कल झरना।
किसी अल्हड़, किसी कमसिन की अदा जैसा है ॥

है तसव्वुर तेरा छलका हुआ प्याला कोई।
मैंने पी भी नहीं फिर भी नशा जैसा है ॥

इश्क़ है यूँ तो कई सदियों पुराना नग़्मा।
आज भी गा के ज़रा देख नया जैसा है ॥

•

दूरी मिटेगी तेरे मेरे दर्मियान से।
खिड़की का दायरा जो हटे आसमान से ॥

जाँ दे के जान मिलता है जाने-जहाँ का प्यार।
सब को गुज़रना पड़ता है इस इम्तिहान से ॥

शाख़ों पे बैठे-बैठे गुजारो न उम्र को।
है चाँद की तमन्ना तो पा लो उड़ान से ॥

इक उसके होने से यहाँ हर शय धड़कती थी।
सामान सारा ले गया है वो मकान से ॥

क्या ख़ूब तूने हमसे किया है मज़ाक़ भी।
भेजा भी और बुला भी लिया है जहान से ॥

अब लौटने की बात तो बस में मेरे नहीं
निकला हुआ मैं तीर हूँ तेरे कमान से ॥

●

कच्ची उम्र की कच्ची ग़ज़लें।
जज़्बों की थीं पक्की ग़ज़लें ॥

मोड़ कठिन तय कर लेती थीं।
पल में सीधी सादी ग़ज़लें ॥

हुस्न ने तेरे लिखवाई हैं।
देख तो इश्क़ में कितनी ग़ज़लें ॥

आती जाती लहरों से सुन।
कहती है क्या अच्छी ग़ज़लें ॥

सारी तेरी अदायें ही थीं।
कहलाईं जो मेरी ग़ज़लें ॥

होंठों के दो मिसरे दे दे।
फिर ले ले तू सारी ग़ज़लें ॥

अब्र बरसते हैं आँखों से।
होती हैं जब प्यासी ग़ज़लें ॥

झूठ बोल के बच जाती थीं।
बचपन की वो सच्ची ग़ज़लें ॥

पत्थर दिल को पिघला दे जो।
कोई तो गाये ऐसी ग़ज़लें ॥

तू भी नहीं वो, मैं भी नहीं वो।
लाऊँ कहाँ से वो ही ग़ज़लें ॥

●

माचिस है गीली, सीली सभी तीलियाँ हुईं।
सिगरेट जलाऊँ कैसे बड़ी तल्ख़ियाँ हुईं ॥

खरिज बुझे दिलों की सभी अर्ज़ियाँ हुईं।
लाऊँ कहाँ से आग बड़ी सर्दियाँ हुईं ॥

खींचें जो एक पन्ना तो दूजा भी आये हाथ।
ऐ ज़िन्दगी अजब सी तेरी कापियाँ हुईं ॥

जिस्मों का शोर होता रहा दिल ही चुप रहे।
कल रात महफिलों में बड़ी मस्तियाँ हुईं ॥

बरसी हैं मुझको छोड़ के हर शह्र हर गली।
दुश्मन न जाने किसलिए ये बदलियाँ हुईं ॥

ज़ख़्मी किया जो मुझको कभी शाहराह ने।
हक़ में ग़रीबों की ही सभी बस्तियाँ हुईं ॥

लम्हों के फूल माँग के काँटे चुभो दिये।
क्यूँ साथ मेरे वक़्त की ये सख़्तियाँ हुईं ॥

अब धड़कनें सजती हैं दफ़्तर की मेज़ पर।
यूँ क़ीमतें दिलों की यहाँ सस्तियाँ हुई ॥

●

दुनिया में दिखावे का जो मजहब नहीं होता।
वहशत ने कराया है जो, वो सब नहीं होता ॥

इनसान ने इनसान को ज़िन्दा है जलाया।
इनसान ही इस धरती पे यारब नहीं होता ॥

गीता हो कि कुरआन सभी पढ़ते हैं लेकिन।
होता था असर पहले मगर अब नहीं होता ॥

रंजिश का ये मतलब नहीं हम जान ही ले लें।
झगड़ा कहाँ पर भाइयों में कब नहीं होता ॥

तुम राम कहो जिसको ख़ुदा उसको कहें हम।
वो एक है टुकड़ों में बँटा रब नहीं होता ॥

मिल बैठ के हर शिकवा मिटा क्यूँ नहीं लेते।
नफ़रत में तो जीने का कोई ढब नहीं होता ॥

देखो तो किया होगा कहीं छेद किसी ने।
क्यूँ प्याला मुहब्बत का लबालब नहीं होता ॥

●

तुझको लिखूँ तुझको पढ़ूँ, ये क्या हुआ हमदम मुझे।
तुझ में लगे, डूबा हुआ, सारा ही ये आलम मुझे ॥

चाहूँ मैं क्या, माँगूँ मैं क्या, सोचूँ मैं क्या, देखूँ मैं क्या।
मैं हो के भी, हूँ ही नहीं, बस तू दिखे हर दम मुझे ॥

ये कौन-सी, ठहरी हुई, रुत मुझमें है, पत्थरनुमा।
आते हुए, जाते हुए, रोये बहुत मौसम मुझे ॥

शायद मेरी तक़दीर के, तारे चमकने वाले हैं।
अँधियारे में, अब और भी, उजला लगे, हर गम, मुझे ॥

मैं दो क़दम भी चलता नहीं, पाने कोई मंज़िल कभी।
सजदा किया, लगने लगा, हर फ़ासला कम कम मुझे ॥

मुझको दिये हैं, जलती बुझती रौशनी ने ज़ख़्म ही।
ऐ चाँद मेरे, चाँदनी की, आ लगा मरहम मुझे ॥

●

तेरे ख़याल में अपना ख़याल कुछ न रहा।
जवाब मिल गये सारे सवाल कुछ न रहा ॥

धड़कता दिल भी है तुझ से महकती रात भी तू।
किया जो ग़ौर तो अपना कमाल कुछ न रहा ॥

नहीं है वक़्त के इक दायरे में इश्क़ मेरा।
कोई भी रोज़, कोई माहो-साल कुछ न रहा ॥

बिछाया करता था जो मछलियाँ पकड़ने को।
सिवा ख़ुदी को पकड़ने के जाल कुछ न रहा ॥

दिलो-दिमाग है इक जैसे इस ज़माने में।
तेरी वफ़ा की तरह बेमिसाल कुछ न रहा ॥

गया था चाँद पे भी मैं तो बस यही देखा।
चमक थी तेरी ही उसका जमाल कुछ न रहा ॥

इसी ज़मीं से लिया सब, इसी को दे भी दिया।
समझ में बात ये आयी मलाल कुछ न रहा ॥

●

सुन के फ़रमाइशें बच्चों की यहाँ रहना पड़े।
उम्र होने पे भी इन्सां को जवाँ रहना पड़े ॥

हम जो रुक जायेंगे तो लहरें भी रुक जायेगी।
रोज़ दरियायों की मानिन्द रवाँ रहना पड़े ॥

सब की तक़दीर में होता है कहाँ घर यारो।
ईंट पत्थर का ही बनवा के मकां रहना पड़े ॥

आज रुक जाओ जो रोका है मुहब्बत ने तुम्हें।
कल ख़बर क्या है परिन्दों को कहाँ रहना पड़े ॥

जिनको आता है हुनर दर्द में हँस देने का।
वो वहाँ रंग जमाते हैं जहाँ रहना पड़े ॥

अलविदा कह के चले जाते हैं जो दुनिया से।
किसको मालूम है फिर उनको कहाँ रहना पड़े ॥

●

वो मेरा था ही नहीं जो मैं शिकायत करता।
ये तमन्ना ही रही मैं भी बग़ावत करता ॥

इतनी शिद्दत से उसे चाहा कि मैं टूट गया।
टूट के वो भी कभी मुझ से मुहब्बत करता ॥

रूठने वाले न माने, मैं मनाता ही रहा।
मान जाता मेरा रब जो इबादत करता ॥

पहले दामन को बड़ा करता तो सब मिल जाता।
सब के सब तारों को पाने की न चाहत करता ॥

रूबरू मेरे गले लगता रहा ग़ैरों के।
अपने दीवाने से ऐसे न शरारत करता ॥

बेवफ़ाओं के लिए बिक गया मैं रस्ते में
ज़िन्दगी मेरी थी इसकी तो क़ीमत करता ॥

●

झोंकों से कँपा और हवाओं से हिला है।
क्या तेरे महल की कोई आधारशिला है ॥

बुत गढ़ने में चट्टानों पे इक उम्र बिता दी।
मैंने नहीं सजदा किया उनको ये गिला है ॥

क्या चीज़ है ऐ दोस्त मुहब्बत की कशिश भी।
इस बूँद में ख़ुद आ के समन्दर ही मिला है ॥

दामन जो बढ़ा पाओ तो कुछ बात बनेगी।
हमदर्द बताने से कहाँ ज़ख़्म सिला है ॥

आऊँ तो मैं कैसे तेरे दर तक मेरे हमदम।
चारों ही तरफ़ मेरे किताबों का क़िला है ॥

उदास होते ही एहसास भेज देता है।
मेरी ग़ज़ल को मेरे पास भेज देता है॥

मिलाना होता है जब भी किसी समन्दर से।
वो मेरी रूह में इक प्यास भेज देता है॥

मैं आम आदमी हूँ देखकर मेरी चाहत।
वो अपने तोहफ़े मुझे खास भेज देता है॥

तू सोच तो सही तस्वीर जह्‌न में और वो।
हज़ार रंगों के केनवास भेज देता है॥

मैं राम बनने की करता हूँ कोशिशें जब भी।
नसीब मुझको तो बनवास भेज देता है॥

●

कैसे जज़्बों की दुहाई देते।
काश! चुपचाप सुनाई देते ॥

हम कोई जिस्म न थे मिट्टी के।
किस तरह तुझको दिखाई देते ॥

बेगुनाही का यक़ीं किसको हुआ।
उम्र गुज़री है सफ़ाई देते ॥

अब के घर होते जो दीवाली पर।
हम भी बच्चों को मिठाई देते ॥

ये तमन्ना रही पहली-पहली।
माँ के हाथों में कमाई देते ॥

बेवफ़ाई तो सभी ने दी है।
कुछ अलग सा मेरे भाई देते ॥

●

क्या ढूँढ़ते हो शह्र में जुगनू नहीं होते।
पत्थर के मुक़द्दर में तो आँसू नहीं होते ॥

तावीज़ उसे पाने के बनवायें कहाँ से।
इस दौर में वो बाबा वो साधू नहीं होते ॥

जिन यारों से लड़ता हूँ बिना उनके मुझे तो।
लगता है कि जैसे मेरे बाज़ू नहीं होते ॥

छूने से पिघल जाना समा जाना मुझी में।
अब उसकी अदाओं में वो जादू नहीं होते ॥

इस उम्र की कश्ती को भी बहने की सज़ा है।
साँसों के समन्दर में तो टापू नहीं होते ॥

आदत न बना सायों की इस तपते सफ़र में।
हर मोड़ पे महबूब के गेसू नहीं होते ॥

●

मेरा हमराज़ बन के रहता है।
राज़ सारे जहाँ से कहता है ॥

प्यास लगने न दे किसी शय की।
एक दरिया जो दिल में बहता है ॥

ज़िन्दगी कितनी खूबसूरत है।
और तू है कि ग़म ही रहता है ॥

तू समन्दर बहा न आँखों से।
रेत का घर तो यार ढहता है ॥

राख से अपनी फिर से ज़िन्दा हो।
कोई कानों में मेरे कहता है ॥

मैं ही नहीं, वो भी सच्चा हो, ऐसा भी हो सकता है।
मेरी तरह वो भी झूठा हो, ऐसा भी हो सकता है ॥

उसके घर बादल बरसे तो, क्यूँ जल भुन कर राख हुआ।
तुझ से ज़ियादा वो प्यासा हो, ऐसा भी हो सकता है ॥

इक दो लहरें मिलने पर ही मुझसे हाथ छुड़ाता है।
मुझ में भी बहता दरिया हो, ऐसा भी हो सकता है ॥

रौशन-रौशन इस लम्हे को फिर से सूली मत देना।
कोई मसीहा ही आया हो, ऐसा भी हो सकता है ॥

वो जो अपने घर से बाहर, महफ़िल-महफ़िल गाता है।
अन्दर-अन्दर वो तन्हा हो, ऐसा भी हो सकता है ॥

●

बिछड़ के अपनों से इक उम्र दूसरों में रहे।
ये दर्द वो नहीं समझेंगे जो घरों में रहे ॥

गली के मोड़, वो मौसम, वो महफिले-यारां।
वतन से दूर वतन के ही मंज़रों में रहे ॥

मैं आस्मानों के आगे की ख़बरें लाऊँगा।
ज़मीने-इश्क़ की ताकत मेरे पैरों में रहे ॥

सबक़ ये क्या है कि मेरे ही पाँवों के नीचे।
उन्हीं की खाक है जो भी सिकन्दरों में रहे ॥

हिफ़ाजतों ने उड़ानें ही छीन लीं तुम से।
तुम्हारे पाँव तुम्हारी ही चादरों में रहे ॥

जिन्हें पसन्द थे साहिल वो डूबते देखे।
लगे हैं पार वही जो समन्दरों में रहे ॥

जो हर जगह है उसे दायरों में क़ैद न कर।
ये ज़िद भी छोड़ दे वो सिर्फ़ मन्दिरों में रहे ॥

●

मैं जवाब ही नहीं दे सका, कुछ इस तरह का सवाल था।
मुझे अपनी फ़िक्र न थी मगर, तेरे आँसुओं का ख़याल था ॥

गये मौसमों का न कर गिला, गले लग के सुन मेरी धड़कनें।
इसी बात से ही समझ ले सब, तेरे जैसा मेरा भी हाल था ॥

कभी गेसुओं में उलझ गये, तो लगा कि जैसे सुलझ गये।
इक उड़ान जज़्बों को दे गया, वो जो महका-महका सा जाल था ॥

किसी अजनबी की निगाह ने, मेरे दिल पे तीर चला दिए ।
है ख़ुशी मुझे इसी बात की, तेरे चेहरे पर भी मलाल था ॥

वो जो धूप छाँव-सी रहती थी, मेरी हर ग़ज़ल के लिबास पर ।
तेरी उठती झुकती निगाह का, कोई जादुई-सा कमाल था ॥

मुझे रहने देने मेरी जगह, मुझे रख दिया क्यूँ उतार कर।
वो जो पार लगने ही वाला था, मैं उसी जहाज़ का 'पाल' था ॥

●

बेगानगी सभी की मेरे नाम हो गयी।
खुद से मिली निगाह भी इल्ज़ाम हो गयी ॥

दिल के गरीब होते ही नाकाम हो गयी।
मिट्टी के भाव ज़िन्दगी नीलाम हो गयी ॥

तू 'तू' ही रह के पा न सकेगी कभी उसे।
राधा की बात और है वो श्याम हो गयी ॥

जाना था सब को रूह के लम्बे सफ़र पे दोस्त।
जिस्मों के खेल खेलने में शाम हो गयी ॥

सजदा खुदी को कर के जो घर से निकल पड़े।
मंज़िल फ़िदा उन्हीं पे सरे-आम हो गयी ॥

●

अश्कों की आग में कभी मैं डूबता नहीं।
नाज़ुक है दिल मेरा भी मगर मोम का नहीं ॥

मंज़िल की ओर चलता हूँ ख़ुद के यक़ीन पर।
कितना कठिन है रास्ता मैं सोचता नहीं ॥

इक ओर झुक गया है तराज़ू जहाँपनाह।
इनसाफ़ डगमगा गया ये फ़ैसला नहीं ॥

लोगों ने मेरे बारे में क्या-क्या न कह दिया।
मैं तो किसी से मिलने कहीं भी गया नही ॥

आगे चलो कि पीछे ये मर्ज़ी है आपकी।
ये वक़्त तो किसी को कभी रोकता नहीं ॥

जीने की राह बनती है ख़ुद को तराश कर।
जग में बना बनाया कोई रास्ता नहीं ॥

हम सब उसी के अक्स हैं महसूस करके देख।
ख़ुद में अगर नहीं तो कहीं पर ख़ुदा नहीं ॥

●

जब तेरा मौसम न हो तू चुप रहे तो ठीक है।
छुप के तन्हाई में दर्दो-ग़म सहे तो ठीक है॥

लोग मलबे से भी चुन-चुन कर तुझे ले जायेंगे।
अपने ही अन्दाज़ में गर तू ढहे तो ठीक है॥

साहिलों से चिपके रहने में नहीं है कुछ मज़ा।
ज़िन्दगी अनजान लहरों में बहे तो ठीक है॥

रंजो-ग़म मिलने पे आँसू सब बहाते हैं यहाँ।
तू दुखों में भी लगाये क़हक़हे तो ठीक है॥

सौ समन्दर दिल में हो पर आँख में कतरा न हो।
ख़ामुशी में जो भी कहना है कहे तो ठीक है॥

●

थी बात कुछ अजीब कि मिलकर जुदा रहा।
सीने से वो लगा था मगर फ़ासला रहा ॥

पत्थर बना पड़ा रहा पानी के आसपास।
जलता हुआ वो मेरा मकाँ देखता रहा ॥

उसने ही मुझ पे वार किया हो के कामयाब।
बरसों बरस जो मुझ से हुनर सीखता रहा ॥

जब अजनबी ने प्यार से इक फूल दे दिया।
मैं दोस्तों के बारे में तब सोचता रहा ॥

दुनिया बनाने वाले को देखा नहीं कभी।
हर शख़्स उसकी दुनिया का बनकर खुदा रहा ॥

●

सवाल सब ने किया है तू बेज़बां क्यूँ है।
कोई न जान सका घर में ये धुआँ क्यूँ है ॥

मैं सोचता हूँ कि जो शाख़ टूटने को है।
मेरी खुशी से मेरा, उस पे आशियाँ क्यूँ है ॥

मेरा ज़मीन से हक छीन तो लिया तुमने।
अभी जलो, कि मेरे सर पे आस्माँ क्यूँ है ॥

हिसाब तन्हा ही देना है उस खुदा को जब।
तो फिर ये साथ ज़माने का कारवाँ क्यूँ है ॥

हक़ीक़तों से हटा कर नक़ाब लिखता हूँ।
मैं जानता नहीं दुश्मन मेरा जहाँ क्यूँ है ॥

बिछा के जाल परिन्दों को क़ैद कर लेगा।
उन्हें ख़बर नहीं सय्याद मेहरबाँ क्यूँ है ॥

●

बदन की मिट्टी में उगते हैं फ़लसफ़े सारे।
इसी से हो के गुज़रते हैं रास्ते सारे ॥

जो सच है सच ही रहेगा बदल न पायेगा।
तू चाहे तोड़ भी दे घर के आईने सारे ॥

मैं अपने पास जो ठहरा तो फिर ठहर ही गया।
चले गये हैं कहीं दूर क़ाफ़िले सारे ॥

लकीरें खींचने से सरहदें ही बनती हैं।
मुहब्बतों से ही घटते हैं फ़ासले सारे ॥

वो बुत बना के करिश्माई धड़कनें बख़्शे।
फिर आँख दे के मिटाता है दायरे सारे ॥

बस इक निगाहे करम अपनी मुझपे रहने दे।
समेट लूँगा मैं मुट्ठी में ज़लज़ले सारे ॥

●

वो है आस्मान तो क्या हुआ, उसे ख़ुद में मैंने बसा लिया।
मेरे क़द पे उँगलियाँ उठती थीं, तो ये क़द ही मैंने बढ़ा लिया ॥

कई साल मेरे गुज़र गये, जहाँ दूसरों की उम्मीद में।
अब यक़ीन ख़ुद में जगा के ही, जिसे पाना था उसे पा लिया ॥

गले मिलने की ये रिवायतें, बड़े शह्र में न रहेंगी अब।
उसी ने रगे-जाँ खींच ली, जिसे भी गले से लगा लिया ॥

कभी सब ज़बान के पक्के थे, अभी सब ही कान के कच्चे हैं।
कभी सच के बदले सज़ा मिली, कभी खोटा सिक्का चला लिया ॥

मिली पहली-पहली कमाई तो, मुझे माँ की याद ही आयी थी।
कोई कानों में मेरे कह गया, कि ख़ज़ाना सारा कमा लिया ॥

जो चराग़ जलते थे तेल से, वो तो बारी-बारी से बुझ गये।
जिसे आँधियाँ न बुझा सकें, वो चराग़े-जोश जला लिया ॥

रहे ज़िन्दगी में तो दूर तक, कड़ी धूप का ही सफ़र रहा।
जहाँ प्यार की घनी छाँव थी वहाँ डेरा हमने लगा लिया ॥

•

ग़ज़ल को मुझ से मुहब्बत अगर नहीं होती।
ज़माने वालों को मेरी ख़बर नहीं होती॥

खुली हवा में जियो दम घुटे जो कमरे में।
ये सोचिए तो हवा कब किधर नहीं होती॥

उठा के हम ने ही खिड़की पे रख लिया सूरज।
तेरे भरोसे तो अब तक सहर नहीं होती॥

तुम अपने आपे से ईमानदार रहते तो।
दुआ तुम्हारी कभी बे-असर नहीं होती॥

ज़मीं से चाँद सितारों की ख़बरें लाती है।
बस अपनी ओर ही अपनी नज़र नहीं होती॥

नहीं ख़बर कि ज़मीं पर कि आसमान में हूँ।
किसी के इश्क़ में जज़्बात की उड़ान में हूँ॥

ये जिस्म मेरा है पर इस में तेरी साँसें हैं।
नसीब वाला हूँ एहसास के मकान में हूँ॥

ज़रा सा मोड़ के रख ले ख़याल में अपने।
वरक़ वफ़ा का मुहब्बत की दास्तान में हूँ॥

जो तीर छूटे वो फिर लौटकर नहीं आये।
तू मुझ को, सोच समझ ले, अभी कमान में हूँ॥

सफ़ेद पोश गुज़रना है मुझको कालिख से।
बड़ी अजीब सी बन्दिश के इम्तहान में हूँ॥

●

मुझी में रह के न पायेगा तू निशाँ मेरा।
क़दम-क़दम पे लिया कर न इम्तहाँ मेरा ॥

न रौशनी न धुआँ, सिर्फ़ इक घुटन सी थी।
अजीब आग में जलता रहा मकाँ मेरा ॥

तलाश करता रहा दोस्तों की महफ़िल में।
मगर छुपा था रक़ीबों में क़द्र-दाँ मेरा ॥

सितारे टूटते देखे तो फैलना भूला।
सिमटता जाता है मुझ में ही आस्माँ मेरा ॥

वो जब भी आता है ज़ख़्मों के तोहफ़े देता है।
गुलाब लगता है चेहरे से मेहरबाँ मेरा ॥

मैं अपने जिस्म के सहरा में कब से बैठा हूँ।
है धूप में तेरा वादा ही सायबाँ मेरा ॥

मिला है दूध जो पी ले उबल न पायेगा।
कभी भी बर्फ़ का चूल्हा तो जल न पायेगा॥

सफ़ाई माँग के तुम से मुझे मिलेगा क्या।
जो सच है सच ही रहेगा बदल न पायेगा॥

गले लगा न उसे आँच ले के सीने में।
जो फ़ितरतन ही है पत्थर पिघल न पायेगा॥

मैं तेरे इश्क़ में तुझ में ही ढल गया आखिर।
मुझे पता था कि तू मुझ में ढल न पायेगा॥

ऐ वक़्त तुझ को खुली मुट्ठियों में बाँध लिया।
तू मेरे हाथों से अब तो निकल न पायेगा॥

●

बहुत ही दे के वो क़ीमत ख़रीद लाया है।
ज़मीर बेच के शोहरत ख़रीद लाया है॥

वो ले के प्यार का सिक्का गया था मुट्ठी में।
हवस के शह्र से नफ़रत ख़रीद लाया है॥

किसी ग़रीब की मजबूरियों ने हाँ कह दी।
अमीर समझा मुहब्बत ख़रीद लाया है॥

ज़मीं पे लेट के करता था बातें तारों से।
गया पड़ोस में तो छत ख़रीद लाया है॥

खिलौना बच्चे का लेकर है इतना खुश मुफ़लिस।
कि जैसे मेले से जन्नत ख़रीद लाया है॥

चमकती कार का सौदा है पगड़ी के बदले।
ग़ुरूर कहता है इज़्ज़त ख़रीद लाया है॥

दिमाग़ करने लगा राज दिल की बस्ती पर।
कहाँ से जाने सियासत ख़रीद लाया है॥

●

ख़्वाब पलकों पे बुझ गया शायद।
आशियाँ नींद का जला शायद ॥

भूल जो हमने की नहीं होती।
मिलती है उसकी ही सज़ा शायद ॥

जिसको दिखलाया आईना, उससे।
अब रहेगा न राब्ता शायद ॥

मेरे दुश्मन भी काम आने लगे।
मेहरबाँ मुझ पे है ख़ुदा शायद ॥

हादसा टल गया जो होना था।
माँ ने दी है मुझे दुआ शायद ॥

आम लोगों में घूमता हूँ मैं।
मुझको कुछ ख़ास मिल गया शायद ॥

मैं जिसे रोज़ टालता ही रहा।
कर दिया उसने फ़ैसला शायद ॥

●

ग़ज़ल के साथ ही ये ज़िन्दगी सुहानी है।
मचलते रहते हैं लहरों से, क्या रवानी है ॥

गुलों के साथ ही काँटे भी चूम लेते हैं।
मुहब्बतों के सिवा अपनी क्या कहानी है ॥

हमारे दिल की ज़मीनों को कर गया बंजर।
किसी की आँख से बरसा हुआ जो पानी है ॥

कभी ग़मों से न घबरा के खुदकुशी करना।
ग़मों के बाद तो फिर से ख़ुशी ही आनी है ॥

बहुत सँभाल के रखता हूँ अपने आप को मैं।
है मुझमें जो भी उसी की ही तो निशानी है ॥

•

तड़प के आयेगा तो फिर खुली है बाँहें मेरी।
वगरना बन्द हैं अब तो, तमाम राहें मेरी ॥

जो तेरे दिल में धड़कता है नाम से मेरे।
वो सब तो देख ही लेती हैं ये निगाहें मेरी ॥

वो वक़्त गुज़रा है जब अपनी साँसें एक ही थीं।
बिछड़ के तुम से ये साँसें बनी हैं आहें मेरी ॥

जो मेरे दिल में है वो दिल में ही रहेगा सदा।
कोई भी जान न पायेगा अब तो चाहें मेरी ॥

मैं झूठ मूठ ही तुमसे झगड़ता रहता हूँ।
तुम्हारी राह, निहारें सदा पनाहें मेरी ॥

•

मुहब्बतों में भी साज़िश पसन्द आने लगी।
तो भाग जाने की कोशिश पसन्द आने लगी॥

यही है ठीक कि अब तुम भी छोड़ दो सच को।
तुम्हें भी झूठी नुमाइश पसन्द आने लगी॥

हमीं ने मिलने का पैग़ाम उनको भेजा है।
ग़ुरूर में भी गुज़ारिश पसन्द आने लगी॥

वो छूना चाहता है आस्माँ, ज़मीं से ही।
हवा के झोंके की ख़्वाहिश पसन्द आने लगी॥

ज़रा-सा नाम बदलने से क़त्ल होने लगा।
ये कैसा दौर है वहशत पसन्द आने लगी॥

वो सुन के सुनता नहीं धड़कनें मुहब्बत की।
उसे भी सिक्कों की बारिश पसन्द आने लगी॥

●

हर वक़्त इल्मों-फ़न की न बातें किया करो।
बचपन का दोस्त आये तो कुछ बचपना करो॥

क्या जाने कौन-सी है मुलाक़ात आखरी।
हँस बोलकर ज़माने में सबसे मिला करो॥

इतना भी पास आओ न पढ़ना मुहाल हो।
आँखों से मेरी थोड़ा-सा तो फ़ासला करो॥

इन्साँ में हौसला है तो कमज़ोर भी है ये।
जब कुछ न कर सको तो ख़ुदा से दुआ करो॥

दरिया पे पुल बनेंगे मुहब्बत के नाम से।
मिलने मिलाने का कोई तो सिलसिला करो॥

मुंसिफ़ बना दिया है अगर वक़्त ने तुम्हें।
ख़ुद को हटा दो, जब भी कोई फ़ैसला करो॥

•

ज़मीन छिन गयी तो आस्मान क्या करता।
ग़रीब मेरे वतन का किसान क्या करता ॥

तलाश घर की थी तो आन-आन क्या करता।
मैं इतने सारे बात दे मकान क्या करता ॥

चुरा लिये थे सभी तीर जिस के तरकश से।
वो अपने हाथ में ख़ाली कमान क्या करता ॥

कटे थे हाथ बनाया था ताज जब पहले।
सुना के दास्तां अब बेज़ुबान क्या करता ॥

नदी के जैसे समन्दर के सीने लग जाते।
तो फ़ासला जो है दर्मियान क्या करता ॥

मैं खुद ही चूर हुआ उसने सिर्फ़ तोड़ा था।
जो दिल पे गुज़री उसे फिर बयान क्या करता ॥

●

तूने जो दी है वो सज़ा समझे।
दिल मेरा कोई तो ख़ता समझे ॥

ज़हर निकला चमकते प्यालों से।
हम जिसे रोग की दवा समझे ॥

क़त्ल अरमान जिसने कर डाले।
उस को अब सिर्फ़ वो ख़ुदा समझे ॥

उसके सीने में है दिमाग़ कोई।
मेरी धड़कन को किस तरह समझे ॥

वो तो इनसान भी नहीं निकला।
उम्र भर जिसको देवता समझे ॥

सब को लफ़्ज़ों में सुनना आता है।
कौन ख़ामोशी की सदा समझे ॥

इसलिए कामयाब होते गये।
बद्दुआ को भी हम दुआ समझे ॥

●

मुहब्बतों से मिल कभी, शिकायतों को छोड़ दे।
कभी जुदा न हों ये दिल, कुछ इस तरह से जोड़ दे ॥

जो जा चुका, वो जा चुका, जो आयेगा सो आयेगा।
अभी के लम्हों का ही रस, हयात में निचोड़ दे ॥

थमी-थमी हवाओं में, उदासियों के गाओं में।
तू ठहरी-ठहरी झील की, कलाई ही मरोड़ दे ॥

कोई न प्यासा रह सके, कोई न भूखा रह सके।
इन दूध और दही की सारी मटकियों को फोड़ दे ॥

जो गुनगनाता झरना है तो सूखती नदी से मिल।
फिर उसको तू झुलस रही ज़मीं की ओर मोड़ दे ॥

●

अख़बार पढ़ने वाले को अपनी ख़बर नहीं।
नज़रें हैं दूसरों पे ही ख़ुद पर नज़र नहीं ॥

मैं आस्मान छूने की करता हूँ कोशिशें।
अपनी जड़ों से फिर भी तो मैं बेख़बर नहीं ॥

जाने कहाँ से नफ़रतें आती हैं जब यहाँ।
जिसके न दिल में प्यार हो ऐसा बशर नहीं ॥

सदियों से इश्क़ करने से रोका ज़माने ने।
दीवाने दिल पे इसका कोई भी असर नहीं ॥

चलना मेरा नसीब है दोनों जहान में।
मंज़िल पे रुकने वाला तो मेरा सफ़र नहीं ॥

●

मेरे हसीन ख़यालों, मुझे फ़रेब न दो।
सुनहरे जाल हटा लो, मुझे फ़रेब न दो॥

मैं जानता हूँ कि सूरज है शाम तक मेहमां।
नयी सहर के उजालो, मुझे फ़रेब न दो॥

ऐ साहिलो, मुझे कैसा दिलासा तूफ़ाँ में।
तुम अपना आप सँभालो, मुझे फ़रेब न दो॥

तुम्हारे दिल में है जो बात जानता हूँ मैं।
ऐ मेरे चाहने वालो, मुझे फ़रेब न दो॥

हर आबशार फ़रेबे-नज़र है सहरा में।
मेरी हवस के ग़ज़ालों, मुझे फ़रेब न दो॥

•

बेहतर है जो मैं कुछ न कहूँ इस ज़ुबान से।
चेहरे उतरने लगते हैं मेरे बयान से ॥

कोई धुआँ दिखाई नहीं दे रहा मगर।
झुलसे हुए निकलते हैं सब उस मकान से ॥

बनते हैं जब भी शीशमहल इक ग़ुरूर से।
पत्थर बरसने लगते हैं तब आस्मान से ॥

पूरा लुटा के ख़ुद को उसे पा सकोगे तुम।
कुछ भी बचा के रखना नहीं मेहरबान से ॥

किरणें हमारी नज़रों की मिलती ज़रूर हैं।
'मैं' के अँधेरे मिटते नहीं दर्मियान से ॥

•

टूट जाये तो कभी जुड़ता नहीं प्यार कभी।
अपने आँगन में उठाना ही न दीवार कभी॥

सख़्त अल्फ़ाज से वो पेश नहीं आयेगा।
पायलों की कभी सुन लेगा जो झनकार कभी॥

तूने गुलशन को बहारों की अदा बख़्शी है।
आ मेरे नग़्मों को भी कर दे तू सरशार कभी॥

मैं जो कहता हूँ वही करने की आदत है मेरी।
क्या करूँ मुझ से तो होता नहीं इनकार कभी॥

घर से वो आँख के आँसू की तरह निकला है।
अब तो ख़्वाबों में भी देता नहीं दीदार कभी॥

बोल दो, मीठे से कर देते हैं जो काम यहाँ।
काम वो कर ही नहीं सकती है तलवार कभी॥

नाम पर तेरे ही लिख देंगे वसीयत दिल की।
हम को भी मान ले तू प्यार में हक़दार कभी॥

•

तुझ बिन जो भी चाहों में हो।
वो हर बात गुनाहों में हो ॥

लहर का रुतबा क्या रुतबा है।
जब न समन्दर बाँहों में हो ॥

हम क्या देखें, किसको देखें।
जब दिलदार निगाहों में हो ॥

जब भी वो आने वाला हो।
एक महक सी आहों में हो ॥

ढूँढ़ने वाले ढूँढ़ ही लेंगे।
बोलो तुम किन राहों में हो ॥

गुलों के रंग खिल गये हैं तितलियों के दर्मियाँ।
रुकेंगे कैसे हुस्नो-इश्क़ बन्दिशों के दर्मियाँ ॥

बनाने वाले आशियाँ बना ही लेते हैं यहाँ।
टिका है कौन आशियाँ की तीलियों के दर्मियाँ ॥

निकल पड़ी हैं गोपियाँ सजा के माथे पर सिन्दूर।
छुपा रहे हैं मुँह सितारे बिन्दियों के दर्मियाँ ॥

मुहब्बतों की बाँहों में है आस्मान सारे ही।
नहीं है कोई दायरा इन दायरों के दर्मियाँ ॥

सँवार कर तो देख जुल्फ़ें चलते-चलते वक़्त की।
मिलेंगी मंज़िलें तमाम रास्तों के दर्मियाँ ॥

लुका छुपी का खेल है ये ज़िन्दगी की रात भी।
घिरा हुआ हो जैसे चाँद बदलियों के दर्मियाँ ॥

●

ज़रा से दिल में ही तूफ़ाँ दबा दिये कैसे।
न पूछ हम से कि वादे निभा दिये कैसे ॥

तू ज़िक्र करता था फूलों का अपनी बातों से।
उसूल काँटों के आख़िर निभा दिये कैसे ॥

न इन्तज़ाम किया कोई उनके रहने का।
ग़रीब लोग सड़क से उठा दिये कैसे ॥

तुम्हारा दिल नहीं धड़का गुनाह करने पर।
दरख़्त काट के पंछी उड़ा दिये कैसे ॥

●

हुनर को चाहे ख़ज़ाना कभी न देना तू।
मगर ग़ज़ल को तो ताना कभी न देना तू॥

नयी अदा से निकलने दे ज़िन्दगी घर से।
लिबास इसको पुराना कभी न देना तू॥

वफ़ा के प्याले में पंछी को पानी दे देना।
किसी भी ज़हर का दाना कभी न देना तू॥

चुभे जो तुझको कोई काँटा जिसके आने से।
वो पल गुलों का सुहाना कभी न देना तू॥

जो छेड़ पाये न एहसास की कोई सरगम।
वो मेरे लब पे तराना कभी न देना तू॥

•

मैं जान बूझ के ही उससे अब नहीं मिलता।
कि दिल से दिल का कोई भी सबब नहीं मिलता॥

भटकता रहता हूँ मैं इल्मो-फ़न के शहरों में।
ग़ज़ल के गाओं के जैसा अदब नहीं मिलता॥

हज़ार राहें हैं पाने को एक ही मंज़िल।
हमें ही चलने का मख़सूस ढब नहीं मिलता॥

वो आ के रोज़ ही दस्तक दरों पे देता है।
शिकायतें सभी करते हैं रब नहीं मिलता॥

तू धड़कनें ही नहीं सुनता आजकल अपनी।
वगरना सोच ज़रा तुझ से कब नहीं मिलता॥

मौला मेरे तू देख ले क्या मेरा हाल है।
उसका ख़याल रख, मुझे जिसका ख़याल है॥

तेरे करम से मिलता है मुझको तो हर जवाब।
होंठो पे मेरे कोई कहाँ कब सवाल है॥

चलता हूँ मंज़िलों से भी आगे मैं बारहा।
मेरा नहीं है कुछ भी ये तेरा कमाल है॥

क्या ख़ूब ताना-बाना है ये जिस्मो-रूह का।
मैं हूँ भी और नहीं भी हूँ ये कैसा जाल है॥

ले जायेगा जहाज़ को उस पार एक दिन।
इस पर तेरी दुआओं ने जो बाँधा 'पाल' है॥

●

जो डर के ग़म से पनाहों के घर में जाते हैं।
उन्हीं के साँस तो आहों के घर में जाते हैं॥

किसी भी शय की ज़रूरत नहीं मुहब्बत में।
न जाने क्यूँ सभी चाहों के घर में जाते हैं॥

जो दुनियादारी न समझें तो कोई बात नहीं।
न समझें दिल तो, गुनाहों के घर में जाते हैं॥

वो अपने आप से कैसे नज़र मिलायेंगे।
गिरा के ख़ुद को जो शाहों के घर में जाते हैं॥

हमारा इश्क़ तिलिस्मी कशिश ने खींच लिया।
हम उसके हुस्न की बाँहों के घर में जाते हैं॥

मिली हों रूहें तो रस्मों की बन्दिशें क्या है।
बदन तो ख़ाक ही होने हैं रंजिशें क्या है ॥

मैं हर जनम में तो पोशाक ही बदलता हूँ।
मेरा वजूद मिटाने की कोशिशें क्या है ॥

जो ख़ुद से मिलने की ख़्वाहिश करो तो बात बने।
बग़ैर इसके जहाँ भर की ख़्वाहिशें क्या है ॥

परों में जान है तो आस्मान दूर नहीं।
ये पर्वतों की हवा से सिफ़ारिशें क्या है ॥

लबों पे ज़िद है मगर दिल क़ुबूल करता है।
ख़िलाफ़ अपने ये अपनी ही साज़िशें क्या है ॥

जो मोती बन सके वो बूँद जब नसीब न हो।
तो सीप के लिए फिर तेज़ बारिशें क्या है ॥

•

एक काग़ज़ ने मेरी नींद उड़ा रक्खी है।
नाम से तेरे ग़ज़ल जिस पे सजा रक्खी है॥

जो भी कहता है हक़ीक़त में बदल जाता है।
मेरे महबूब के होंठों पे दुआ रक्खी है॥

खुल के जीने से, खुले अर्शो-ज़मीं मिल जाये।
बन्द मुट्ठी में भला किसने हवा रक्खी है॥

इस ज़मीं पर उसे पाने की क़सम खाई है।
हम ने इस अर्श की छत, सर पे उठा रक्खी है॥

हुस्न को तेरे, हवा लगने न देंगे जग की।
इश्क़ की आँधी तो बस दिल में दबा रक्खी है॥

●

चरागे़-दिल से ही बुझते चराग़ जलते हैं।
बस इक चराग़ से सारे चराग़ जलते हैं ॥

कभी भी घटती नहीं देख रौशनी उसकी।
कि जिस चराग़ की लौ से चराग़ जलते हैं ॥

अगर है पास नज़र तो नज़र में आयेंगे।
सियाह रात के साये चराग़ जलते हैं ॥

हमीं न ढूँढ़ सके तो नसीब कह लो इसे।
हर एक रूह में कब से चराग़ जलते हैं ॥

सभी से रौशनी पाओगे बस मुहब्बत की।
हमारी राह में जितने चराग़ जलते हैं ॥

•

जा-जा के रोज़ पानियों में ढूँढ़ता है क्या।
ठहरी हुई रवानियों में ढूँढ़ता है क्या ॥

एहसास की ज़मीन है बंजर पड़ी हुई।
जज़्बात की जवानियों में ढूँढ़ता है क्या ॥

महबूब अपना ढूँढ़ ग़रीबों के देस में।
ऊँचे महल की रानियों में ढूँढ़ता है क्या ॥

बचपन तो जा चुका है तुझे होश ही नहीं।
परियों की उन कहानियों में ढूँढ़ता है क्या ॥

बेलफ़्ज़ को ही कहने की कोशिश है लफ़्ज़ में।
ग़ज़लों की इन निशानियों में ढूँढ़ता है क्या ॥

•

वो है काफ़िर जो तेरी आँख से पीना छोड़े।
ऐसे जीने से तो बेहतर है कि जीना छोड़े ॥

हमने देखा है वही पार हुआ करता है।
जो मुहब्बत के समन्दर में सफ़ीना छोड़े ॥

आग बरसात में कुछ और भड़क जाती है।
कौन कमबख़्त ये सावन का महीना छोड़े ॥

ज़िन्दगी हो कि ग़ज़ल दोनों अदब से रक्खे।
जो है फ़नकार भला कैसे, क़रीना छोड़े ॥

ऐ मुहब्बत तुझे पहचान लिया है हमने।
कोई बेक़द्र ही अब ऐसा नगीना छोड़े ॥

●

हम भी मासूम थे बचपन के ख़यालों की तरह।
रख दिया वक़्त ने उलझा के सवालों की तरह॥

कच्चे धागे से बँधे आते तेरे क़दमों में।
तूने चाहा ही नहीं चाहने वालों की तरह॥

चाबियाँ माना कि गुम हो गयीं मुझसे ही कहीं।
और तुम भी तो रहे बन्द ही तालों की तरह॥

दिल को बहलाने का सामान हूँ मैं भी शायद।
मेरा हमदम मुझे पढ़ता है रिसालों की तरह॥

जब कभी घर से निकलते हैं तसव्वुर में तेरे।
किरनें लगती हैं तेरे रेशमी बालों की तरह॥

बे-ख़याली में भी जिस शय को छुआ है तूने।
हमने पूजा है उसे पाक शिवालों की तरह॥

•

बोलकर सच कोई रिश्ता न निभाया जाये।
अपने चेहरे पे कोई चेहरा लगाया जाये ॥

छोड़कर ख़ुद को कहीं और न जाया जाये।
अब तो मंज़िल को ही घर अपने बुलाया जाये ॥

तोड़कर फूल ये एहसास हुआ है मुझको।
इसके बदले में नया पेड़ लगाया जाये ॥

जिसके खुल जाने से होंठों की हँसी छिन जाये।
उम्र भर राज़ वो सीने में छुपाया जाये ॥

चाहिए ग़ज़लों को जब शेर-ओ-अदब के दाने।
रूह की शाख़ से पंछी को उड़ाया जाये ॥

गर कहीं निभता है तो निभता है बस अपनापन ।
हम ने देखा है कि वादा न निभाया जाये ॥

काम चलता ही नहीं इसके सिवा दुनिया में।
वक़्त की मटकी से माखन ही चुराया जाये ॥

●

मेरे जिस्म की ही तलब न कर, मेरा जिस्म मेरा लिबास है।
मेरी रूह में भी उतर कभी, इसे तेरे मिलने की आस है ॥

तुझे शौहरतों का गुरूर है, मुझे चाहतों का सुरूर है।
मुझे आम आदमी बन के मिल, यही बात इश्क़ में ख़ास है ॥

तुझे साहिलों का ही शौक़ है, मुझे डूब जाने का ज़ौक़ है।
ये जहाँ बड़ा ही अजीब है, यहाँ अपनी अपनी ही प्यास है ॥

कोई फूल शाख़ से तोड़कर, उसे ले के आया मैं अपने घर।
मेरे कमरे में है महक मगर, मेरे दिल का बाग़ उदास है ॥

मुझे छोड़ कर कहाँ जायेगा, तू पलट के जल्द ही आयेगा।
कहाँ ढूँढ़ता है तू, धड़कनें, तेरा दिल तो मेरे पास है ॥

□□